Kiran Sree Pokkuluri
Usha Devi Nedunuri

Internet das coisas com aprendizagem profunda para aplicações sociais

Kiran Sree Pokkuluri
Usha Devi Nedunuri

Internet das coisas com aprendizagem profunda para aplicações sociais

ScienciaScripts

Publisher:
Sciencia Scripts
is a trademark of
Dodo Books Indian Ocean Ltd. and OmniScriptum S.R.L publishing group

120 High Road, East Finchley, London, N2 9ED, United Kingdom
Str. Armeneasca 28/1, office 1, Chisinau MD-2012, Republic of Moldova, Europe
Printed at: see last page
ISBN: 978-620-7-63702-7

RECONHECIMENTO

Os autores agradecem ao presidente da Vishnu Society, Sri K.V. Vishnu Raju, a outros representantes da direção, ao diretor e ao vice-diretor da Shri Vishnu Engineering College for Women pelo seu apoio na promoção da investigação orientada para a indústria. Os autores agradecem também às autoridades universitárias da JNTU-Kakinada por encorajarem estas novas actividades.

ÍNDICE

RESUMO

A rega convencional de plantas em vasos em casa requer intervenção manual. A rega incorrecta das plantas pode provocar doenças nos vasos de plantas em casa. A automatização da rega das plantas pode ser efectuada através da compreensão das necessidades das plantas com base no solo.

Este projeto centra-se num sensor de humidade do solo de baixo custo com aprendizagem profunda - Deep Learning - Arduino Uno usando IoT que mede continuamente a humidade do solo de uma planta em vaso e envia uma mensagem ao utilizador que é útil para regar a planta de modo a que a saúde da planta seja monitorizada e mantida.

1. Introdução

Os principais componentes deste projeto são a aprendizagem profunda - Arduino Uno e o sensor de humidade do solo. A funcionalidade dos componentes é apresentada em seguida.

1.1 Aprendizagem profunda - Arduino Uno

A Deep Learning - Arduino Uno[1] é uma placa de microcontrolador baseada no ATmega328 (folha de dados). Tem 14 pinos de entrada/saída digitais (6 dos quais podem ser utilizados como saídas PWM), 6 entradas analógicas, um ressoador cerâmico de 16 MHz, um conetor USB, uma tomada de alimentação, um conetor ICSP e um botão de reset. Inclui tudo o que é necessário para suportar o microcontrolador; basta ligá-lo a um computador com um cabo USB ou alimentá-lo com um adaptador AC-to-DC ou uma bateria para começar.

O Uno difere de todas as placas anteriores porque não usa o chip de driver USB-para-serial FTDI. Em vez disso, ele usa o Atmega16U2 (Atmega8U2 até a versão R2), que é programado como um conversor USB-para-serial. A revisão 2 da placa Uno tem um resistor que puxa a linha HWB do 8U2 para o terra, o que facilitam a colocação em modo DFU. A revisão 3 da placa tem as seguintes novidades: 1.0 Pinout: pinos SDA e SCL junto ao pino AREF e outros dois novos pinos junto ao pino RESET, o IOREF, que permitem que os shields se adaptem à tensão fornecida pela placa. No futuro, os shields serão compatíveis tanto com a placa que utiliza o AVR, que funciona a 5V, como com a Deep Learning - Arduino Due, que funciona a 3,3V. O segundo é um pino não conectado reservado para uso futuro. Circuito RESET mais forte. O Atmega 16U2 substitui o 8U2. "Uno" significa "um" em italiano e destina-se a significar o próximo lançamento do Deep Learning - Arduino 1.0. O Uno e a versão 1.0 serão as versões de referência do Deep Learning - Arduino.

O Uno é o mais recente de uma série de placas Arduino de aprendizagem profunda USB e o modelo de referência para a plataforma Arduino de aprendizagem profunda; para uma comparação com as versões anteriores, consulte o índice de placas Arduino de aprendizagem profunda. O projeto de referência Arduino de aprendizagem profunda pode utilizar um Atmega8,

168 ou 328. Os modelos actuais utilizam um ATmega328, mas um Atmega8 é apresentado no diagrama do circuito como referência. A configuração dos pinos é idêntica para os três processadores.

Fig. 1.1 Deep Learning - diagrama de pinos do Arduino UNO

Resumo

Microcontrolador ATmega328 Tensão de funcionamento 5V Tensão de entrada (recomendada) 7-12V Tensão de entrada (valores limite) 6- 20V Pinos de E/S digitais 14 (dos quais 6 com saída PWM) Pinos de entrada analógica 6 Corrente DC por pino de E/S 40 mA Corrente DC para pino de 3,3V 50 mA Memória flash 32 KB (ATmega328), dos quais 0,5 KB para o carregador de arranque SRAM 2 KB (ATmega328) EEPROM 1 KB (ATmega328) Frequência de relógio 16 MHz **Corrente**

O Deep Learning - Arduino Uno pode ser operado através da porta USB ou com uma fonte de alimentação externa. A fonte de alimentação é selecionada automaticamente. A alimentação externa (não-USB) pode vir de um adaptador AC para DC (wall-wart) ou de uma bateria. O adaptador pode ser ligado através da inserção de uma ficha de 2,1 mm na tomada de alimentação da placa. Os cabos de uma bateria podem ser ligados às cabeças de pino Gnd e Vin do conetor POWER. A placa pode ser utilizada com uma fonte de alimentação externa de 6 a 20 volts. Quando for alimentado com menos de 7V, o pino de 5V pode fornecer menos de cinco volts e a placa pode tornar-se instável.

Se utilizar mais de 12 V, o regulador de tensão pode sobreaquecer e danificar a placa de circuitos.

O intervalo recomendado é entre 7 e 12 volts. As ligações de alimentação são as seguintes:

- VIN. A tensão de entrada para a placa Arduino Deep Learning quando está a utilizar uma fonte de alimentação externa (em oposição a 5 volts através da porta USB ou outra fonte de alimentação regulada). Podemos fornecer a tensão através deste pino ou, se fornecermos a tensão através da tomada de alimentação, podemos recuperá-la através deste pino.

- 5V Este pino produz uma saída regulada de 5V do controlador para a placa. A placa pode ser alimentada. A alimentação pode s e r efectuada através da tomada de alimentação DC (7 - 12V), da ligação USB (5V) ou do pino VIN da placa de circuito impresso (7-12V). A alimentação através dos pinos de 5V ou 3.3V contorna o controlador e pode danificar a placa de circuitos. Aconselhamos a não o fazer.

- 3V3. Uma alimentação de 3,3 volts gerada pelo regulador incorporado. O consumo máximo de corrente é de 50 mA

- GND. Pinos de ligação à terra.

Memória

O ATmega328 tem 32 KB (dos quais 0,5 KB são utilizados para o gestor de arranque). Também tem 2 KB de SRAM e 1 KB de EEPROM (que pode ser lida e escrita com a biblioteca EEPROM).

Entrada e saída

Cada um dos 14 pinos digitais do Uno pode ser usado como entrada ou saída com as funções pinMode(), digitalWrite() e digitalRead(). Funcionam com uma tensão de 5 volts. Cada pino pode fornecer ou receber um máximo de 40 mA   e   tem um interno   interna (d e s l i g a d a por defeito) de 20-50 kOhm. A l é m   d i s s o, alguns pinos têm funções especiais: Série: 0 (RX) e 1 (TX). Utilizados para receber (RX) e transmitir (TX) dados TTL de série. Estes pinos estão ligados aos pinos correspondentes do ATmega8U2   USB-para-TTL serial   serial   ligados. Interrupções externas: 2 e 3 Estes pinos podem ser configurados para acionar uma interrupção num valor baixo, n u m bordo ascendente ou descendente ou numa alteração de valor. Ver   a função   função attachInterrupt()   para mais pormenores. PWM: 3, 5, 6, 9, 10 e 11. Fornecer 8 bits

Saída PWM com a função analógicaWrite(). SPI: 10 (SS), 11 (MOSI), 12 (MISO), 13 (SCK). Estes pinos suportam a comunicação SPI utilizando a biblioteca SPI. LED: 13 Existe um LED incorporado ligado ao pino digital 13. Quando o pino está ALTO, o LED está ligado, quando o pino está BAIXO, está desligado. O Uno tem 6 entradas analógicas rotuladas de A0 a A5, cada uma com uma resolução de 10 bits (ou seja, 1024 valores diferentes). Por defeito, medem de terra a 5 volts, embora seja possível alterar o limite superior da sua gama usando o pino AREF e a função analogueReference(). Para além disso, alguns pinos têm uma funcionalidade especial: TWI: A4 ou pino SDA e A5 ou pino SCL. A comunicação TWI é suportada pela biblioteca Wire e existem outros pinos na placa: AREF. Tensão de referência para as entradas analógicas. Utilizado com analogueReference(). Reset. Colocar esta linha em LOW para reiniciar o microcontrolador. Tipicamente utilizado para adicionar um botão de reinicialização a shields que bloqueiam o que está na placa. Veja também o mapeamento entre os pinos do Deep Learning - Arduino e as portas do ATmega328. O mapeamento para o Atmega8, 168 e 328 é idêntico.

Comunicação

O Deep Learning - Arduino Uno tem uma série de opções para comunicar com um computador, outro Deep Learning - Arduino ou outros microcontroladores. O ATmega328 fornece comunicação série UART-TTL (5 V) disponível nos pinos digitais 0 (RX) e 1 (TX). Um ATmega16U2 na placa encaminha esta comunicação série através de USB e aparece ao software no computador como uma porta COM virtual. O firmware do '16U2 utiliza os controladores USB COM padrão, pelo que não é necessário qualquer controlador externo. No entanto, é necessário um ficheiro .inf no Windows. O software Deep Learning - Arduino inclui um monitor de série que pode ser utilizado para enviar dados de texto simples de e para a placa Deep Learning - Arduino. Os LEDs RX e TX na placa piscam quando os dados estão a ser transferidos através do chip USB-para-série e da ligação USB ao computador (mas não para comunicação série através dos pinos 0 e 1). Uma biblioteca de software serial permite a comunicação serial através de cada um dos pinos digitais do Uno. O ATmega328 também suporta comunicação I2C (TWI) e SPI. O

Deep Learning - O software Arduino contém uma biblioteca de fios que simplifica a utilização do barramento I2C; os pormenores podem ser encontrados na documentação. Para comunicação SPI, use a biblioteca SPI.

Programação

O Deep Learning - Arduino Uno pode ser programado com o software Deep Learning - Arduino (download). Selecionar "Deep Learning - Arduino Uno" nas ferramentas
> menu Placa (dependendo do microcontrolador na placa). Ver a referência e os tutoriais para mais pormenores. O ATmega328 no Deep Learning - Arduino Uno vem com um carregador de arranque pré-criado que nos permite carregar novo código na placa sem ter de utilizar um dispositivo de programação de hardware externo. Comunica através do protocolo STK500 original (referência, ficheiros de cabeçalho C). Também podemos ignorar o carregador de arranque e programar o microcontrolador através do cabeçalho ICSP (In-Circuit Serial Programming); ver este guia para mais pormenores. O código fonte do firmware do ATmega16U2 (ou 8U2 nas placas rev1 e rev2) está disponível. O ATmega16U2/8U2 é carregado com um bootloader DFU que pode ser ativado por : Ligar

Placas Rev1: Ligue o jumper de solda na parte de trás da placa (perto do cartão de Itália) e, em seguida, reinicie o 8U2. Nas placas Rev2 ou posteriores, existe uma resistência que puxa a linha HWB do 8U2/16U2 para a terra, o que facilita a colocação em modo DFU. Podemos então usar o software FLIP da Atmel (Windows) ou o programador DFU (Mac OS X e Linux) para carregar um novo firmware. Ou podemos usar o cabeçalho ISP com um dispositivo de programação externo (sobrescrevendo o bootloader DFU). Para mais informações, consulte este tutorial criado pelo utilizador.

Reposição automática (software)

Em vez de o botão de reposição antes um carregamento, o Deep Learning - Arduino Uno foi concebido para ser reiniciado por software executado num computador ligado. Uma das linhas de controlo de fluxo do hardware (DTR) do ATmega8U2/16U2 está ligada a um condensador de 100 nanofarad. com a linha de linha de reset do ATmega328. Quando esta linha é activada (baixa), a linha de reinicialização desce o tempo suficiente para reiniciar o chip. O software Deep Learning - Arduino utiliza esta capacidade para permitem-nos carregar o código premindo simplesmente o botão de carregamento no ambiente Deep Learning - Arduino. Isto significa que o carregador de arranque pode ter um tempo limite mais curto, uma vez que a descida do DTR pode ser bem coordenada com o início do carregamento. Esta configuração tem outras implicações. Se o Uno estiver ligado a um computador com Mac OS X ou Linux, será reiniciado sempre que for feita uma ligação a partir do software (via USB). Durante o próximo meio segundo, mais ou menos, o bootloader corre no Uno. Embora esteja programado para ignorar dados errados (i.e. tudo exceto carregar novo código), ele intercepta os primeiros bytes de dados enviados para a placa depois de uma ligação ser aberta. Se um sketch a correr na placa recebe configuração única ou outros dados quando arranca pela primeira vez, certifique-se que o software com que está a comunicar espera um segundo depois de abrir a ligação e antes de enviar esses dados. O Uno contém um traço que pode ser cortado para desativar o autoreset. Os pads de cada lado do traço podem ser soldados entre si para o reativar. Está identificado como "RESET-EN". Nós

Também é possível desativar a reinicialização automática ligando uma resistência de 110 Ohm de 5 V à linha de reinicialização; os pormenores podem ser consultados nesta publicação do fórum.

Proteção USB contra sobreintensidades

O Deep Learning - Arduino Uno tem um polifusível reiniciável que protege as portas USB do computador contra curto-circuitos e sobreintensidades. Embora a maioria dos computadores tenha a sua própria proteção interna, o fusível fornece uma camada adicional de proteção. Se forem aplicados mais de 500 mA à porta USB, o fusível interrompe automaticamente a ligação até que o curto-circuito ou a sobrecarga sejam eliminados.

Características físicas

O comprimento e a largura máximos da placa Uno são de 2,7 e 2,1 polegadas, respetivamente, com a ligação USB e a tomada de alimentação a prolongarem-se para além da primeira dimensão. Quatro orifícios para parafusos permitem que a placa seja fixada a uma superfície ou caixa. Note-se que o espaçamento entre os pinos digitais 7 e 8 é de 160 mil (0,16"), não sendo um múltiplo par do espaçamento de 100 mil dos outros pinos.

1.2 Sensor de humidade do solo

O sensor de humidade do solo [2] consiste em duas sondas que são utilizadas para medir o teor de água volumétrico. As duas sondas permitem que a corrente flua através do solo e, em seguida, determinam o valor da resistência para medir o valor da humidade.

Quando há mais água, o solo conduz mais eletricidade, o que significa que há menos resistência. Por conseguinte, o teor de humidade será mais elevado. Os solos secos conduzem mal a eletricidade. Assim, se houver menos água, o solo conduz menos eletricidade, o que significa que a resistência é maior. Por conseguinte, o teor de humidade será mais baixo.

Este sensor pode s e r ligado em dois modos: analógico e digital. Começaremos por ligá-lo no modo analógico e depois utilizá-lo-emos no modo digital.

Atribuição de pinos - sensor de humidade do solo

O sensor de humidade do solo FC-28 tem quatro pinos

VCC: Para a fonte de alimentação

A0: Saída

analógica   D0:

Saída digital GND:

Terra

O módulo também contém um potenciómetro que é
utilizado para definir o valor de limiar. Este valor limiar é então
comparado com o comparador LM393. O LED de saída acende-se e
apaga-se de acordo com este valor de limiar.

Fig. 1.2 Sensores de humidade do solo

2. Revisão da literatura

Ibrahim Mat et. al. propuseram "IoT in Precision Agriculture Applications Using Wireless Moisture Sensor Network"[5] e explicaram que a Internet das Coisas (IoT) é uma rede de sensores e conetividade que permite aplicações como a irrigação optimizada na agricultura. As redes de sensores sem fios (WSN) e as redes de sensores de humidade sem fios (WMSN) são componentes da IoT. Um dos processos mais importantes na agricultura é a irrigação. A irrigação incorrecta leva ao desperdício de água. Um sistema de irrigação adequado pode ser conseguido através da utilização da tecnologia WSN. As aplicações de monitorização e controlo foram muito melhoradas com a utilização da tecnologia WSN. Esta permite uma comunicação eficiente com muitos sensores. A WMSN é uma WSN com sensores de humidade. Neste estudo, a agricultura de precisão (AP) utiliza WMSN para permitir uma irrigação eficiente.

Este artigo descreve a IoT e as WMSN na agricultura, em particular nos estábulos.

Neste artigo, foi explicada e demonstrada a eficácia do controlo de retorno na rega de culturas em estufa. Foi efectuado um teste para determinar as diferenças entre estes dois métodos. Os métodos são a rega programada e a rega por retorno. Na rega programada, a planta é abastecida com água em alturas específicas. Com a rega por feedback, a planta é regada quando a humidade ou o grau de humidade do meio atinge um valor predefinido. O teste mostra que pode ser poupada uma média de 1500 ml por dia por árvore.

Arys Carrasquilla-Batista et. al. apresentaram um artigo intitulado "Using IoT resources to enhance the accuracy of over drain measurements in greenhouse horticulture"[4], no qual os pormenores são descritos da seguinte forma: "As alterações climáticas já mostraram os seus efeitos negativos na agricultura e na produção alimentar, em particular devido a défices de precipitaçãoou

-excedentes de precipitação, flutuações de temperatura e outras alterações ambientais conexas que não são adequadas para uma agricultura sustentável. A horticultura em estufa provou ser uma forma eficaz de atenuar os efeitos negativos das alterações climáticas na produção de produtos hortícolas, mas continua a representar um desafio para os agricultores, uma vez que a

Para melhorar a compreensão do crescimento das plantas em culturas protegidas, as capacidades da Internet das Coisas (IoT) foram integradas numa estufa, criando uma plataforma para os investigadores tomarem decisões sobre irrigação, necessidades de humidade e nutrientes no momento certo. O sistema concebido é composto por circuitos circuitos electrónicos, sensores, comunicação móvel, actuadores e software que funciona na nuvem.

A funcionalidade do sistema foi testada numa produção de pepinos em estufa onde os dados recolhidos de variáveis ambientais, condições do substrato e medições de transbordo são enviados via internet para análise remota por investigadores. No caso específico das medições de extravasamento, a forma tradicional de recolha de dados por métodos manuais com sondas de pH e condutividade foi melhorada com a introdução de medidores de descarga, válvulas e sondas com recolha automática de dados e a aplicação de um filtro de Kalman em linha, de modo a

Melhorar a precisão de um medidor de caudal de líquidos de baixa precisão. Os resultados preliminares são encorajadores e indicam que o desenvolvimento de ferramentas eficientes para a tomada de decisões na produção de vegetais deve ser continuado.

na horticultura de estufa.

"Monitoring soil moisture using IoT enabled Deep Learning - Arduino sensors with neural networks to improve soil management for farmers and predict seasonal rainfall for planning future crops in North Karnataka - India"[6] proposto por **Suhas Athani et.al. aborda** a quantidade adequada de água no solo, que é um requisito imperativo para o crescimento ideal das plantas. Uma vez que a água é um elemento crucial para a nutrição da vida, o seu uso excessivo deve ser evitado. A irrigação é o maior consumidor d e água. Por conseguinte, o abastecimento de água para fins de irrigação deve ser controlado. As pastagens não devem ser irrigadas em excesso ou em falta. A monitorização do solo é um instrumento que permite obter informações sobre o solo. Ao longo do tempo, têm sido utilizados sistemas para atingir este objetivo, incluindo métodos informatizados são os mais aceites, uma vez que permitem o registo de dados com um elevado grau de consistência e pouca mão de obra. A dimensão da estrutura atual exige sistemas baseados em microprocessadores. Estes sistemas oferecem uma série de vantagens tecnológicas, mas são dispendiosos, de grandes dimensões, difíceis de manter e menos aceites pelos operadores sem formação tecnológica na gestão das pastagens.

O objetivo deste projeto é conceber uma técnica manejável e fácil de instalar para detetar e especificar o nível de humidade no solo, a fim de otimizar o crescimento das plantas, aumentando os recursos de irrigação disponíveis.

As informações recebidas dos sensores de entrada, processadas com o algoritmo da rede neural e os factores de correção, formam a monitorização. Monitorização do solo, que fornece uma série de avaliações que mostram como as condições e/ou propriedades do solo se alteram ao longo do tempo. A utilização de componentes facilmente disponíveis reduz os custos de fabrico e manutenção. Isto faz deste sistema uma solução económica, adequada e de baixa manutenção para aplicações, especialmente nas zonas rurais e para os pequenos agricultores.

Shrinidhi Rajagopal et. al. propôs uma ideia chamada "OO Design for an IoT based Automated Plant Watering System"[7], que é explicada da seguinte forma As plantas tornam o mundo mais verde e mais habitável. Embora todas as plantas precisem de água para sobreviver, podem morrer se lhes for dada em demasia ou em quantidade insuficiente. Por isso, é necessário implementar um sistema automático de rega para plantas que garanta que as plantas são regadas a intervalos regulares e em quantidades adequadas, sempre que necessitem. Este documento descreve a conceção orientada por objectos de um sistema de irrigação automática de plantas baseado na IoT.

Ravi Kishore Kodali et al." IoT based Smart Greenhouse"[8] Este documento centra-se principalmente na melhoria das práticas agrícolas actuais através da utilização de tecnologias modernas para obter melhores rendimentos. Este artigo apresenta um modelo de uma estufa inteligente que ajuda os agricultores a realizar o trabalho numa quinta automaticamente.

Sem grande controlo manual. A estufa é uma estrutura fechada que protege as plantas de condições climatéricas extremas: Vento, granizo, radiação ultravioleta, infestação de insectos e pragas. O campo é irrigado por um sistema automático de rega gota a gota que funciona de acordo com o limiar de humidade do solo definido, para que as plantas recebam a quantidade ideal de água. Com base nos dados do mapa de saúde do solo, a quantidade certa de azoto, fósforo, potássio e outros minerais pode ser aplicada utilizando a tecnologia de irrigação gota a gota. São construídos tanques de água adequados e enchidos com água após a medição do nível de água atual com um sensor ultrassónico. Além disso, as plantas recebem a luz necessária durante a noite com a ajuda de lâmpadas de crescimento.

A temperatura e a humidade são controladas por sensores de humidade e temperatura e é utilizado um nebulizador para controlar o nevoeiro. Um poço tubular é controlado através de um módulo GSM (chamada perdida ou SMS). São instaladas colmeias para a polinização, que são monitorizadas com sensores ultra-sónicos para controlar a produção de mel e de leite.

Enviar mensagens de correio eletrónico aos compradores quando estiverem cheios. Além disso, os valores medidos recolhidos nos contentores de armazenamento são carregados para um serviço na nuvem (Google Drive) e podem ser enviados para uma empresa de comércio eletrónico.

3. Sistema atual

Os recipientes podem ser fabricados com barro disponível localmente: Não têm forma, tamanho, espessura de parede ou porosidade normalizados. O fruto da laranja de macaco doce (Strychnos spinosa) também pode ser utilizado em vez de uma tigela de barro ou de grés, se tiver sido seco e a parte superior cortada. O recipiente deve ser enchido regularmente (particularmente nas regiões secas) e deve ser preenchido com terra. Um método muito simples de irrigação subterrânea (ver também a irrigação subterrânea por gotejamento) consiste em colocar vasos (ou potes) de barro poroso em covas pouco profundas escavadas para o efeito. A terra é então vertida à volta dos gargalos dos vasos, de modo a que as suas bordas sobressaiam alguns centímetros acima da superfície do solo. A água é deitada nos vasos à mão ou com a ajuda de uma mangueira flexível ligada a uma fonte de água. Como as paredes dos vasos são porosas (certifique-se de que utiliza vasos não vidrados), a água pode infiltrar-se lentamente e chegar às raízes das plantas.

As plantas são substituídas se existirem grandes fissuras através das

quais a água se infiltra sem atingir as raízes

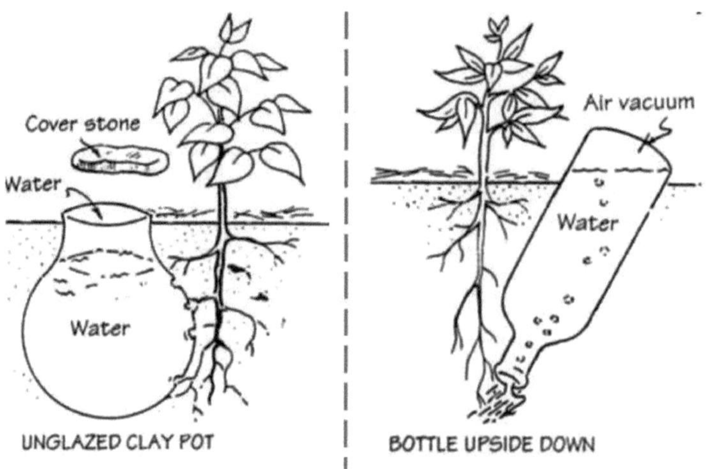

Fig. 3.1 Método convencional de rega das plantas

4. Sistema proposto

O sistema proposto inclui um sensor de humidade do

solo com aprendizagem profunda - Arduino Uno.

mede o nível de humidade do solo da planta e alerta o utilizador

enviando uma mensagem para que a planta possa ser regada na

altura certa, resultando num crescimento saudável da planta.

4.1 Arquitetura

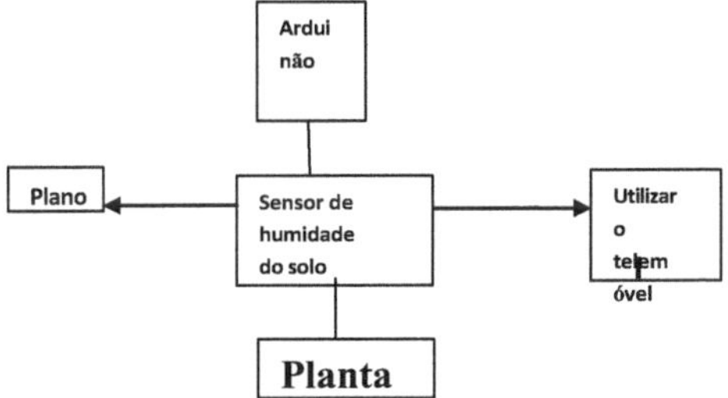

Fig.4.1Concepção do sistema automático de sensores de humidade do solo

O Fallowing é a visualização do moderno sistema de irrigação em

casa na realidade

Fig. 4.2 Visualização da irrigação melhorada das plantas

5. Realização

A implementação requer os seguintes componentes

- Aprendizagem profunda - Arduino IDE

- Aprendizagem profunda - Arduino Uno

- LED

- Sensor de humidade do solo

- Módulo Bluetooth

- Fios de ligação

- Tábua de pão

- Vaso de plantas

- Bateria 5V a 9V

Passos para a implementação

1. Modo analógico - interface entre o sensor de humidade do solo e a aprendizagem profunda - Arduino

2. Emparelhamento Bluetooth com aprendizagem profunda - Arduino Uno

3. Ligar o LED ao circuito

4. Mergulhar as sondas do sensor de humidade do solo no solo do vaso de plantas

5. Compile o código para a humidade do solo e carregue-o para o Deep Learning.

- Arduino com aprendizagem profunda - Arduino IDE

6. Ligar o circuito à bateria

Depois de realizar os passos anteriores, podemos observar que, se a humidade do solo for insuficiente, o LED acende-se e o utilizador recebe uma mensagem no seu telemóvel através do terminal Bluetooth.

6. Código fonte

```
//Program to identify soil moisture and sending alert to the user mobile

void setup()

{Serial.begin(9600);

 pinMode(value_probe,INPUT);

 pinMode(12,OUTPUT);}

void loop()

{
```

```cpp
int moisture =analogRead(value_probe);

Serial.println(moisture);

if(moisture>=moisture_level)

 { digitalWrite(12,LOW);

 }

else

{

 digitalWrite(12,HIGH);

 Serial.write("#9493050795");

 Serial.print("Plant is Thirsty");

 }

 delay(600);

}
```

7. Resultados

O circuito da Fig. 7.1 é ligado ao sistema para executar o Deep Learning - Arduino IDE. Depois de o programa ser carregado no Deep Learning - Arduino através do IDE, a humidade do solo é detectada como 79, o que indica a secura do solo. O sensor de humidade do solo resulta numa luz LED, que pode ser vista na Fig. 7.2, e envia uma mensagem para o telemóvel do utilizador de que "a planta tem sede".

Fig. 7.1Circuito do sistema de sensores de humidade do solo

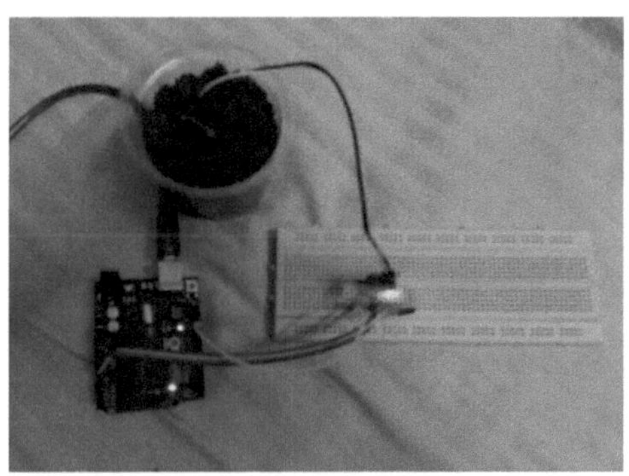

Fig. 7.2O brilho do LED indica baixa humidade do solo

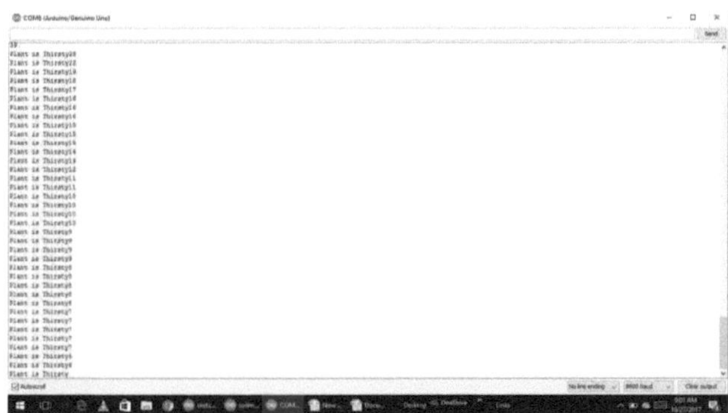

Fig. 7.3 Monitor de série com indicação de mensagens e teor de humidade

8. Conclusão e futura expansão

O contínuo registo da humidade do solo é feito através da Internet das Coisas (IoT), o que melhora a saúde das plantas através da irrigação no momento certo com base na humidade. Atualmente, a escassez de água é um grande problema para a agricultura. Este projeto pode ser alargado para ajudar os agricultores a irrigar as terras agrícolas de forma eficiente com um sistema de irrigação automatizado, adicionando mais sensores como o sensor de humidade do solo, o sensor de chuva, o sensor de geada, etc., para que possamos alcançar resultados tremendos na agricultura.

Referências

1. https://www.farnell.com/datasheets/1682209.pdf

2. http://www.instructables.com/id/Soil-Moisture-Sensor/

3. Kumar, Matti Satish, T. Ritesh Chandra, D. Pradeep Kumar e M. Sabarimalai Manikandan. "Monitorando a umidade do solo com um sensor de umidade do solo caseiro de baixo custo e aprendizado profundo - Arduino UNO". Em *Sistemas Avançados de Computação e Comunicação (ICACCS), 2016 3rd International Conference on*, vol. 1, pp. 1-4. IEEE, 2016.

4. Carrasquilla-Batista, Arys, Alfonso Chacón-Rodríguez e Milton Solórzano-Quintana. "Utilização de recursos de IoT para aumentar a precisão das medições de sobredrenagem em horticultura de estufa". Na *Convenção da América Central e do Panamá (CONCAPAN XXXVI), 2016 IEEE 36th*, pp. 1-
5. IEEE, 2016.

5. Mat, Ibrahim, Mohamed Rawidean Mohd Kassim, Ahmad Nizar Harun e Ismail Mat Yusoff. "IoT em Precisão

Aplicações agrícolas com rede de sensores de humidade sem fios". Em *Sistemas Abertos (ICOS), 2016 IEEE Conference on*, pp. 24-29. IEEE, 2016.

6. Athani, Suhas, C. H. Tejeshwar, Mayur M. Patil, Priyadarshini Patil e Rahul Kulkarni. "Monitoramento da umidade do solo usando aprendizado profundo habilitado para IoT - sensores de rede neural Arduino para melhorar o gerenciamento do solo para os agricultores e prever chuvas sazonais para o planejamento de safras futuras no norte de Karnataka-Índia." Em *I- SMAC (IoT em Social, Mobile, Analytics e Cloud) (I- SMAC), Conferência Internacional de 2017*, pp. 43-48. IEEE, 2017.

7. Rajagopal, Shrinidhi, e Vallidevi Krishnamurthy. "OO-Design para um sistema de irrigação automática de culturas baseado em IoT". Em *Computador, Comunicação e Processamento de Sinais (ICCCSP), Conferência Internacional de 2017*, pp. 1-5. IEEE, 2017

8. Kodali, Ravi Kishore, Vishal Jain e Sumit Karagwal. "Estufa inteligente baseada em IoT". Na *Conferência de Tecnologia Humanitária (R10-HTC), 2016 IEEE Região 10*, pp. 1-6. IEEE, 2016.

9. K. Das, A. Sanyal, e P. Pal Chaudhuri. On the characterisation of CellularAutomata. Ciência da Informação, 1991.

10. R. Das, J. P. Crutchfield, M. Mitchell e J. E. Hanson. A evolução de autómatos celulares globalmente sincronizados. Procedimentos da Sexta Conferência Internacional sobre Algoritmos Genéticos, páginas 336-343, 1995.

11. M. Serra, T. Slater, J. C. Muzio, e D. M. Miller. Análise de autómatos celulares unidimensionais e das suas probabilidades de aliasing. IEEE Trans. on CAD, 9(7):767-778, julho de 1990.

12. P. Dasgupta, S. Chattopadhyay e I. Sengupta. Uma base para autómatos celulares baseados em

13. Autenticação de mensagens. *Actas da 12ª Conferência Internacional sobre Design VLSI, Índia*, janeiro de 1999.

14. S. Chattopadhyay, S. Adhikari, S. Sengupta e M. Pal. Conceção altamente regular, modular e em cascata de um classificador de padrões baseado em autómatos celulares. *IEEE Transaction on VLSI Systems*, 8(6):724-735, dezembro de 2000.

15. Maji, Pradipta, Niloy Ganguly e P. Pal Chaudhuri. "Error correcting capability of cellular automata based associative memory" [Capacidade de correção de erros da memória associativa baseada em autómatos celulares]. Systems, Man and Cybernetics, Part A: Systems and Humans, IEEE Transactions on 33, no. 4 (2003): 466-480.

16. Seredynski, Franciszek, e Albert Y. Zomaya. "Sequential and parallel cellular automata-based algorithms for scheduling" [Algoritmos baseados em autómatos celulares sequenciais e paralelos para programação]. Parallel and Distributed Systems, IEEE Transactions on 13, no. 10 (2002): 1009-1023.

17. Sipper, Moshe. "Co-evolução de autómatos celulares não uniformes para efetuar cálculos". Physica D: Nonlinear Phenomena 92, no. 3 (1996): 193-208.

18. Sarkar, Palash. "Uma breve história dos autómatos celulares". ACM Computing Surveys (CSUR) 32, no. 1 (2000): 80-107.

19. Wolfram, Stephen. Cellular Automata and Complexity: Collected Papers. Vol. 1. Reading: Addison-Wesley, 1994.

20. Ganguly, Niloy, Biplab K. Sikdar, Andreas Deutsch, Geoffrey Canright e P. Pal Chaudhuri. "A survey of cellular automata". (2003).

21. Seredynski, Franciszek, Pascal Bouvry, e Albert Y. Zomaya. "Computação de autómatos celulares e criptografia de chaves secretas". Parallel Computing 30, no. 5 (2004): 753-766.

22. Ganguly, Niloy, Pradipta Maji, Sandip Dhar, Biplab K. Sikdar e P. Pal Chaudhuri. "Evolving cellular automata as pattern classifier" [Autómatos celulares evolutivos como classificador de padrões]. Em Cellular Automata, pp. 56-68, Springer Berlin Heidelberg, 2002.

23. Maji, Pradipta, Biplab K. Sikdar e P. Pal Chaudhuri. "Cellular automata evolution for pattern classification" [Evolução de autómatos celulares para classificação de padrões]. Em Cellular Automata, pp. 660-669, Springer Berlin Heidelberg, 2004.

24. Maji, Pradipta, Chandrama Shaw, Niloy Ganguly, Biplab K. Sikdar, e P. Pal Chaudhuri. "Theory and Application of Cellular Automata for Pattern Classification" [Teoria e aplicação de autómatos celulares para classificação de padrões]. Fundamenta Informaticae 58, no. 3 (2003): 321-354.

25. Niloy Ganguly, Pradipta Maji, Biplab K. Sikdar, e P. Pal Chaudhuri," Design and Characterisation of Cellular Automata Based Associative Memory for Pattern Recognition "IEEE TRANSACTIONS ON SYSTEMS, MAN, AND CYBERNETICS PART B: CYBERNETICS, VOL. 34, NO. 1, FEVEREIRO DE 2004

26. Pradipta, M. A. J. I., e P. Pal Chaudhuri "Fuzzy cellular automata for modelling pattern classifier". IEICE transactions on information and systems 88, no. 4 (2005): 691-702.

27. Rosin, Paul L. "Training cellular automata for image processing" [Treino de autómatos celulares para processamento de imagens]. Image Processing, IEEE Transactions on 15, no. 7 (2006): 2076-2087.

28. Maji, Pradipta, e P. Pal Chaudhuri. "Fmaca: Um classificador de padrões baseado em autómatos celulares difusos". Database Systems for Advanced Applications. Springer Berlin Heidelberg, 2004.

29. Popovici, Adriana, e Dan Popovici. "Autómatos celulares no processamento de imagens". In Fifteenth International Symposium on Mathematical Theory of Networks and Systems, vol. 1. 2002.

30. Xiao, X., S. Shao, Y. Ding, Z. Huang, X. Chen e K-C. Chou. "Utilização de autómatos celulares para gerar representações de imagem para sequências biológicas". Amino Acids 28, no. 1 (2005): 29-35.

31. Maji, Pradipta, e P. Pal Chaudhuri. "RBFFCA: Um classificador de padrões híbrido com função de base radial e fuzzy

autómatos celulares". Fundamenta Informaticae 78, no. 3 (2007): 369-396.

32. Biplab K Sikdar, Niloy Ganguly, "Multiple Attractor Cellular Automata for Hierarchical Diagnosis of VLSI Circuits", In proceeding of: 10th Asian Test Symposium (ATS 2001), 19-21 de novembro de 2001, Quioto, Japão

33. Maji, Pradipta. "On characterisation of attractor basins of fuzzy multiple attractor cellular automata." Fundamental Informaticae 86, no. 1 (2008): 143-168.

34. Gramss, S. Bornholdt, M. Gross, M. Mitchell, and T. Pellizzari", Computation in Cellular Automata:A Selected Review", In T, Nonstandard Computation,pp. 95-140. Weinheim: VCH Verlagsgesellschaft, 1998.

35. Ganguly, Niloy, et al. "Evolving cellular automata based associative memory for pattern recognition" [Memória associativa baseada em autómatos celulares evolutivos para reconhecimento de padrões]. High Performance Computing HiPC 2001, Springer Berlin Heidelberg, 2001. 115-124.

36. Cosma Rohilla Shalizi, "Causal Architecture, Complexity and Self-Organisation in Time Series and Cellular Automata", (dissertação apresentada e aprovada pela Universidade de Sntafe) 2001.

37. Douglas J. Slotta, "Structural Design Using Cellular Automata", tese apresentada e aprovada pelo Virginia Polytechnic Institute and State University, maio de 2001, Blacksburg, Virgínia

38. Olu Lafe," Data Compression and Encryption Using Cellular Automata Transforms," Engng. Applic. Artif. Intell. vol. 10, no. 6, pp. 581-591, 1997.

39. Sukanta Das," Theory and Applications of Nonlinear Cellular Automata In VLSI Design",(Submetido e aprovado pela Bengal Engineering And Science University, Shibpur), 2004

40. R. Breukelaar, "Using a genetic algorithm to evolve behavior in multi dimensional cellular automata: emergence of behaviour", Proceeding of GECCO '05

Actas da conferência de 2005 sobre computação genética e
evolutiva, páginas 107-114, ACM Nova Iorque,
NY, EUA ,2005

41. Javier F. Pulecio, "Magnetic Cellular Automata Wire
Architectures", IEEE TRANSACTIONS ON
NANOTECHNOLOGY, VOL. 10, NO. 6, NOVEMBRO
2011

42. C. Narteau," Definição das escalas de comprimento e de
tempo de um modelo de duna em autómato celular a partir
da análise das formas de leito sobrepostas", JOURNAL OF
GEOPHYSICAL RESEARCH, VOL. 114,2009.

43. Danail Bonchev," Cellular Automata Modelling of
Biomolecular Networks", em Cellular Automata - Simplicity
Behind Complexity, ISBN 978-953-307-230-2, Capa dura,
566 páginas, Publisher: InTech, Publicado: abril de 2011.

44. Chen, Xi, Lei Yang, Robert P. Dick, Li Shang e Haris
Lekatsas. "C-pack: Um algoritmo de compressão de cache
de microprocessador de alto desempenho". *Escala muito
grande*

Integration (VLSI) Systems, IEEE Transactions on 18, no. 8 (2010): 1196-1208.

45. Popovici, Adriana, e Dan Popovici. "Autómatos celulares no processamento de imagens". Décimo quinto Simpósio Internacional sobre a Teoria Matemática de Redes e Sistemas. Vol. 1. 2002.

46. Xiao, X., et al. "Using cellular automata to generate image representation for biological sequences". Aminoácidos 28.1 (2005): 29-35.

47. Rosin, Paul L. "Training cellular automata for image processing" (Formação de autómatos celulares para processamento de imagens). Image Processing, IEEE Transactions on 15.7 (2006): 2076-2087.

48. Thomas, Christopher D., e Riccardo Poli. Evolução de autómatos celulares para processamento de imagens. Diss. Tese, Escola de Ciências da Computação, Universidade de Birmingham (Reino Unido), 2000.

49. Tomassini, Marco, e Mathieu Perrenoud. "Autómatos celulares não uniformes para criptografia". Sistemas complexos

12.1 (2000): 71-82.

50. Secker, Andrew, Matthew N. Davies, Alex Alves Freitas, Jonathan Timmis, Edward Clark e Darren R. Flower. "An artificial immune system for engineering amino acid clusters tailored to predict protein function" [Um sistema imunitário artificial para a engenharia de grupos de aminoácidos adaptados para prever a função das proteínas]. Em *Artificial Immune Systems*, pp. 242-253, Springer Berlin Heidelberg, 2008.

51. Dixon, Shane e Xiao-Hua Yu. "Bioinformatics Data Mining with Artificial Immune Systems and Neural Networks" [Extração de dados bioinformáticos com sistemas imunitários artificiais e redes neuronais]. In *Information and Automation (ICIA), 2010 IEEE International Conference on*, pp. 440-445. IEEE, 2010.

52. Bevilacqua, Vitoantonio, Filippo Menolascina, Roberto T. Alves, Stefania Tommasi, Giuseppe Mastronardi, Myriam Delgado, Angelo Paradiso, Giuseppe Nicosia e Alex A. Freitas. "Sistemas imunológicos artificiais em bioinformática". In .

Computational Intelligence in Biomedicine and Bioinformatics, pp. 271-295, Springer Berlin Heidelberg, 2008.

53. DasGupta, Dipankar. An overview of artificial immune systems and their applications. Springer Berlin Heidelberg, 1999.

54. de Castro, Leandro N., e Jon Timmis. "Sistemas imunitários artificiais: uma nova abordagem ao reconhecimento de padrões". (2002): 67-84.

55. Hofmeyr, Steven A., e Stephanie Forrest. "Arquitetura para um sistema imunitário artificial". Evolutionary computation 8, no. 4 (2000): 443-473.

56. Sarafijanovic, Slavisa, e J-Y. Le Boudec. "Uma abordagem de sistema imunitário artificial com resposta secundária para deteção de comportamentos incorrectos em redes ad hoc móveis". Neural Networks, IEEE Transactions on 16, no. 5 (2005): 1076-1087.

57. Le Boudec, Jean-Yves, e Slaviša Sarafijanović. "An artificial immune system approach to misbehaviour detection in mobile ad hoc networks" [Uma abordagem de sistema imunitário artificial à deteção de comportamentos incorrectos em redes ad hoc móveis]. Em Biologically Inspired Approaches to Advanced Information Technology, pp. 396-411 Springer Berlin Heidelberg, 2004.

58. Aickelin, Uwe, Julie Greensmith e Jamie Twycross. "Immune system approaches to intrusion detection - a review". Em Artificial Immune Systems, pp. 316-329, Springer Berlin Heidelberg, 2004.

59. Kim, Jungwon, Peter J. Bentley, Uwe Aickelin, Julie Greensmith, Gianni Tedesco e Jamie Twycross. "Immune system approaches to intruder detection - a review" [Abordagens do sistema imunitário à deteção de intrusos - uma análise]. Natural Computing 6, no. 4 (2007): 413-466.

60. Do, Tien Dung, Siu Cheung Hui, Alvis Cheuk M. Fong e Bernard Fong. "Classificação associativa com sistema imunitário artificial". Evolutionary Computation, IEEE Transactions on 13, no. 2 (2009): 217-228.

61. Richard O. Duda , Peter E. Hart , David G. Stork, "Pattern Classification" (2.ª edição), Wiley Publications (Ásia). ISBN-10: 0471056693

62. Negi, Pritam Singh, e S. Rauthan. "Sumarização de texto para recuperação de informação usando técnicas de reconhecimento de padrões". *Revista Internacional de Aplicações Informáticas* 21.10 (2011).

63. Siegel, Howard Jay, et al. "PASM: A partitionable SIMD/MIMD system for image processing and pattern recognition". Computers, IEEE Transactions on 100.12 (1981): 934-947.

64. Antani, Sameer, Rangachar Kasturi e Ramesh Jain. "A survey on the use of pattern recognition methods for abstraction, indexing and retrieval of images and video" [Um estudo sobre a utilização de métodos de reconhecimento de padrões para abstração, indexação e recuperação de imagens e vídeos]. Pattern recognition 35.4 (2002): 945-965.

65. Zhong, Daidi, e Irek Defée. "Reconhecimento de padrões por agrupamento de regiões em imagens comprimidas por DCT". Actas

do 6. Simpósio Nórdico de Simpósio Nórdico de Processamento de Sinais - NORSIG. Vol. 2004.

66. Armando J. Pinho, António J. R. Neves, "A Three-State Model for DNA Protein-Coding Regions" IEEE TRANSACTIONS ON BIOMEDICAL ENGINEERING, VOL. 53, NO. 11, NOVEMBRO 2006

67. SLATER, MICHAEL, et al. "CLONE AND EXPRESS PROTEIN-CODING REGIONS USING THE FLEXI® VECTOR SYSTEMS".

68. Mena-Chalco, Jesús P., et al. "Identification of protein coding regions using the modified Gabor-wavelet transform" [Identificação de regiões codificadoras de proteínas utilizando a transformada de Gabor-wavelet modificada]. Computational Biology and Bioinformatics, IEEE/ACM Transactions on 5.2 (2008): 198-207.

69. Suprakash Datta, Amir Asif, "DFT based DNA Splicing Algorithms for Prediction of Protein Coding Regions", Proc of IEEE-2004.

70. Steven Salzberg, "Locating Protein Coding Regions in Human DNA using a Decision Tree Algorithm", Proc. do IEEE-2005.

71. E. Uberbacher e R. Mural, "Locating protein-coding regions in human DNA sequences by a multiple sensor- neural network approach", Proc. Natl. Acad *Sci., USA*, vol. 88, pp. 11261-11265, 2000.

72. Warren Gish e David J. States, "Identification of Protein CodingRegionsby Database SimilaritySearch", Actas da 4ª Conferência Internacional sobre Computadores, EUA, 2002.

73. R. Farber, A. Lapedes, e K. Sirotkin, "Determination of eukaryoticprotein regiões usando redes neurais e teoria da informação", J. Mol. Biol, vol. 226, pp. 471-479.1992.

74. J. Fickett, "Recognition of protein coding regions in dna sequences," Nucleic Acids Res., vol. 10, pp. 5303-5318. 1992.

75. Maji, Pradipta, Samik Parua, Sumanta Das e P. Pal Chaudhuri. "Autómatos celulares na identificação da região de codificação de proteínas". Em *Intelligent Sensing and Information Processing, 2005 Proceedings of 2005 International*

Conferência sobre, pp. 479-484, IEEE, 2005.

76. Badger, Jonathan H., e Gary J. Olsen. "CRITICA: Uma ferramenta para identificar regiões de codificação por análise comparativa." *Molecular Biology and Evolution* 16, no. 4 (1999): 512-

524.

77. Yin, Changchuan, e Stephen S-T. Yau. "Prediction of protein coding regions by the 3-base periodicity analysis of a DNA sequence" [Previsão de regiões codificadoras de proteínas pela análise de periodicidade de 3 bases de uma sequência de DNA]. *Journal of theoretical biology* 247, no. 4 (2007): 687-694.

78. Zhang, M. Q. "Identification of protein coding regions in the human genome by quadratic discriminant analysis" [Identificação de regiões codificadoras de proteínas no genoma humano por análise discriminante quadrática]. *Actas da Academia Nacional das Ciências* 94, n.º 2 (1997): 565-568.

79. David, J., e Warren Gish. "Combined Use of Sequence Similarity and Codon Bias for Coding Region Identification" (Utilização combinada da semelhança de sequências e do desvio de codões para a identificação da região de codificação).

80. Haussler, David Kulp David, e Martin G. Reese Frank H. Eeckman. "Um modelo de Markov oculto generalizado para o reconhecimento de genes humanos no ADN". In *Proc. Int. Conf. on Intelligent Systems for Molecular Biology, St. Louis*, pp. 134-142. 1996.

81. Salzberg, Steven. "Encontrar regiões codificadoras de proteínas no ADN humano utilizando um algoritmo de árvore de decisão". *Journal of Computational Biology* 2, no. 3 (1995): 473-485.

82. Datta, Suprakash, e Amir Asif. "Um algoritmo rápido de previsão de genes baseado em DFT para identificação de regiões codificadoras de proteínas". Em *Acoustics, Speech, and Signal Processing, 2005. proceedings.(ICASSP'05). Conferência Internacional do IEEE*, vol. 5, pp. v-653. IEEE, 2005.

83. Mishra, Rakesh K., e Dipankar Chatterji. "Promoter search and promoter strength: two important means of

Regulation of gene expression inEscherichia coli". *Journal of Biosciences* 18, no. 1 (1993): 1-11.

84. Dieterich, Christoph, Steffen Grossmann, Andrea Tanzer, Stefan Röpcke, Peter F. Arndt, Peter F. Stadler e Martin Vingron. "Comparative promoter region analysis powered by CORG". *BMC genomics* 6, no. 1 (2005): 24.

85. Vanet, Anne, Laurent Marsan e Marie-France Sagot. "Promoter sequences and algorithmic methods for their identification" [Sequências de promotores e métodos algorítmicos para a sua identificação]. *Research in Microbiology* 150, no. 9 (1999): 779-799.

86. Rangannan, Vetriselvi, e Manju Bansal. "Identification and annotation of promoter regions in microbial genome sequences based on DNA stability" [Identificação e anotação de regiões promotoras em sequências de genomas microbianos com base na estabilidade do ADN]. *Journal of Biosciences* 32, no. 5 (2007): 851-862.

87. Huang, Jih-Wei, Chang-Biau Yang, Kuo-Tsung Tseng e Yow-Ling Shiue. "Algoritmos para a previsão de promotores em sequências de ADN". *Conselho Nacional de Ciências da*

República da China ao abrigo do contrato NSC-92-2213-E-110-005
(2003).

88. Zhang, Michael Q. "Identification of core promoters of
human genes in silico". *Genome research* 8, no. 3 (1998):
319-326.

89. Hixson, J. E., C. Jett, e S. Birnbaum. "Identificação de
sequências promotoras na região 5'não traduzida do gene da
apolipoproteína [a] do babuíno". *Journal of lipid research*
37, no. 11 (1996): 2324-2331.

90. Horwitz, M. S., e Lawrence A. Loeb. "Promotores
seleccionados a partir de sequências aleatórias de ADN".
Proceedings of the National Academy of Sciences 83, no. 19
(1986): 7405-
7409.

91. Segal, Eran, Yoseph Barash, Itamar Simon, Nir Friedman e
Daphne Koller. "From promoter sequence to expression: a
probabilistic framework" [Da sequência do promotor à
expressão: um quadro probabilístico]. In *Proceedings of the
sixth annual international conference on Computational
biology*, pp. 263-272. ACM, 2002.

92. Abraham, Gad, Margaret Hamilton e Ron van Schyndel. "Previsão de estrutura de proteínas baseada em conhecimento usando ocorrências aproximadas". (2005).

93. Krasnogor, Natalio, William E. Hart, Jim Smith e David A. Pelta. "Previsão da estrutura de proteínas com algoritmos evolutivos". In *Proceedings of the genetic and evolutionary computation conference*, vol. 2, pp. 1596-1601. 1999.

94. Blum, Ben, Rhiju Das, Philip Bradley, David Baker, Michael I. Jordan e David Tax. "Métodos de seleção de características para melhorar a previsão da estrutura das proteínas com Rosetta". Em *Advances in Neural Information Processing Systems*, pp. 137-144. 2007.

95. Jones, David T. "Protein secondary structure prediction based on position-specific scoring matrices." *Journal of Molecular Biology* 292, n.º 2 (1999): 195-202.

96. Shah, Manesh, Sergei Passovets, Dongsup Kim, Kyle Ellrott, Li Wang, Inna Vokler, Philip LoCascio, Dong Xu e Ying Xu. "Um pipeline computacional para proteínas

EstruturaPrevisão e análise no escala do escala do genoma".

Bioinformatics 19, no. 15 (2003): 1985-1996.

97. Schmidler, Scott C., Jun S. Liu, e Douglas L. Brutlag. "Previsão bayesiana da estrutura de proteínas". Em *Case Studies in Bayesian Statistics*, pp. 363-378, Springer New York, 2002.

98. Floudas, C. A., H. K. Fung, S. R. McAllister, M. Mönnigmann e R. Rajgaria. "Advances in protein structure prediction and de novo protein design: A review." *Chemical Engineering Science* 61, no. 3 (2006): 966-988.

99. Arbelaez, Alejandro, Youssef Hamadi e Michele Sebag. "Construindo portfólios para o problema de previsão de estrutura de proteínas". In *Workshop on Constraint Based Methods for Bioinformatics*. 2010.

100.   Dudek, Michael J., K. Ramnarayan e Jay W. Ponder. "Previsão da estrutura de proteínas usando uma combinação de homologia de sequência e minimização global de energia: II. funções de energia". *Jornal de química computacional* 19, no. 5 (1998): 548-573.

101.   Baker, David, e Andrej Sali. "Previsão da estrutura das proteínas e genómica estrutural". *Science* 294, no. 5540 (2001): 93-96.

102.   Koehl, Patrice, e Michael Levitt. "A brighter future for protein structure prediction" [Um futuro melhor para a previsão da estrutura das proteínas]. *nature structural biology* 6 (1999): 108-111.

103.   Sourirajan, Jayanthi. "Previsão da estrutura das proteínas". (2004).

104.   Verma, A., S. Murthy, K. H. Lee e W. Wenzel. "Previsão e dobragem da estrutura de proteínas de novo".

105.   Dr. P. Madhaveelatha, Um livro de texto de imunologia, S. Chand, 2012

106.   Arthur M. Lesk, Introduction to Bioinformatics, 3ª edição, Oxford University Press, 2012

107.   S.C.Rastogi, N.Mendiratta, P.Rastogi, Métodos e aplicações de bioinformática, publicações PHI, 2011

108.   Earl Gose, Richard Johnsonbaugh, Steve Jost, "Pattern recognition and Image Analysis", publicações PHI, 2005

109.   T.K.Attwood, D.J. Parry Smith, Introdução à bioinformática, Publicações Pearson, 2011.

110.   S.Rajasekaran, G.A.Vijayalakshmi Pai, Redes Neuronais, Síntese e Aplicações de Lógica Difusa e Algoritmos Genéticos, PHI, 2008.

111.   Ashim K. Chakravarty, Immunology and Immunotechnology, Oxford, 2012.

112.   Andrew R. Webb, QinetiQ Ltd, Malvern, Reino Unido, Statistical Pattern Recognition John Wiley & Sons Ltd, Segunda Edição, 2002.

113.   K. Das, A. Sanyal, e P. Pal Chaudhuri. On the characterisation of CellularAutomata. Ciência da Informação, 1991.

114.   R. Das, J. P. Crutchfield, M. Mitchell e J. E. Hanson. O desenvolvimento de sistemas celulares globalmente sincronizados

Autómatos. Proceeding of Sixth International Conference on GeneticAlgorithms, páginas 336-343, 1995.

115. M. Serra, T. Slater, J. C. Muzio, e D. M. Miller. Análise de autómatos celulares unidimensionais e das suas probabilidades de aliasing. IEEE Trans. on CAD, 9(7):767-778, julho de 1990.

116. P. Dasgupta, S. Chattopadhyay e I. Sengupta. Uma base para autómatos celulares baseados em

117. Autenticação de mensagens. *Actas da 12ª Conferência Internacional sobre Design VLSI, Índia*, janeiro de 1999.

118. S. Chattopadhyay, S. Adhikari, S. Sengupta e M. Pal. Conceção altamente regular, modular e em cascata de um classificador de padrões baseado em autómatos celulares. *IEEE Transaction on VLSI Systems*, 8(6):724-735, dezembro de 2000.

Printed by Books on Demand GmbH, Norderstedt / Germany